はしがき

　この携行・ワンタッチ設置の省エネ多機能浴室の構成は、ジャバラ状の外形の内側に軟質素材の浴室を設け、ジャバラの高さの調整による多機能の使用目的、使用方法などをイラスト解説で表現したものである。

Preface

The composition of the energy-saving multifunctional bathroom of this carrying and one-touch installation prepares the bathroom of a flexible material inside the outside of an Expansion and contraction frame, and expresses the multifunctional purpose of use by adjustment of the height of an Expansion and contraction frame, directions for use, etc. by illustration description.

目　次

1、携行・ワンタッチ設置の省エネ多機能浴室 解説（イラスト解説）
(1) 浴槽を収縮した状態---5
(2) 入浴の使用状態---6
(3) シャワーの使用状態---7
(4) 高齢者を乗せた座椅子を吊り上げた状態-------------------------------8
(5) 浴用椅子に移動された状態---9
(6) 耐震ベットからの入浴--10
(7) 耐震ベットからの入浴--11

2、英語解説

Energy-saving multifunctional bathroom of carrying and one-touch installation Description (illustration description)

(1) --12
The state which contracted the bathtub
(2) --13
The busy condition of bathing
(3) --14
The busy condition of a shower
(4) --15
The state which lifted the legless chair which picked up elderly people
(5) --16
The state moved to the bath chair
(6) --17
Bathing from an earthquake-proof bed
(7) --18
Bathing from an earthquake-proof bed

3、公報解説--19

１、携行・ワンタッチ設置の省エネ多機能浴室 解説（イラスト解説）
(1) 浴槽を収縮した状態
収縮し浴槽の中に入り、入浴、またはシャワーを浴びる前の使用状態。

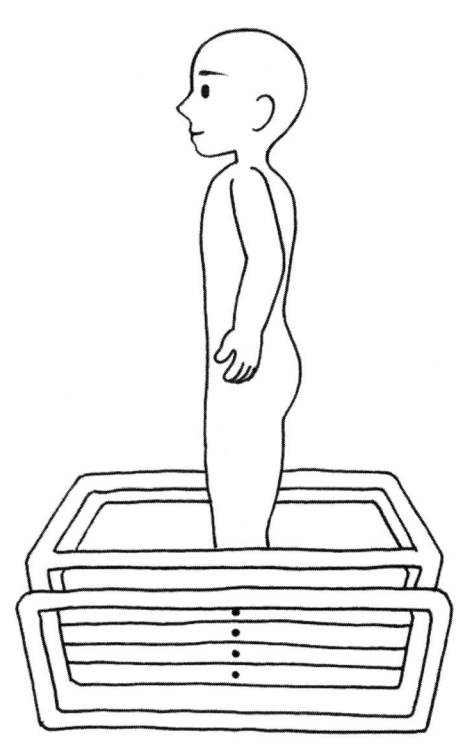

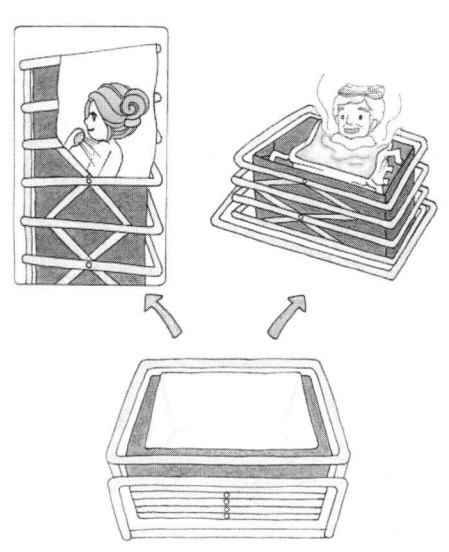

⑵　入浴の使用状態

伸縮浴槽と連動するジャバラの高さを入浴の位置に調整し、入浴している状態。

⑶ シャワーの使用状態
伸縮浴槽と連動するジャバラの高さをシャワーの位置に調整し、シャワーを浴びている状態。

(4) 高齢者を乗せた座椅子を吊り上げた状態
介護される人を座椅子に乗せて、**浴用椅子へ移動中。**

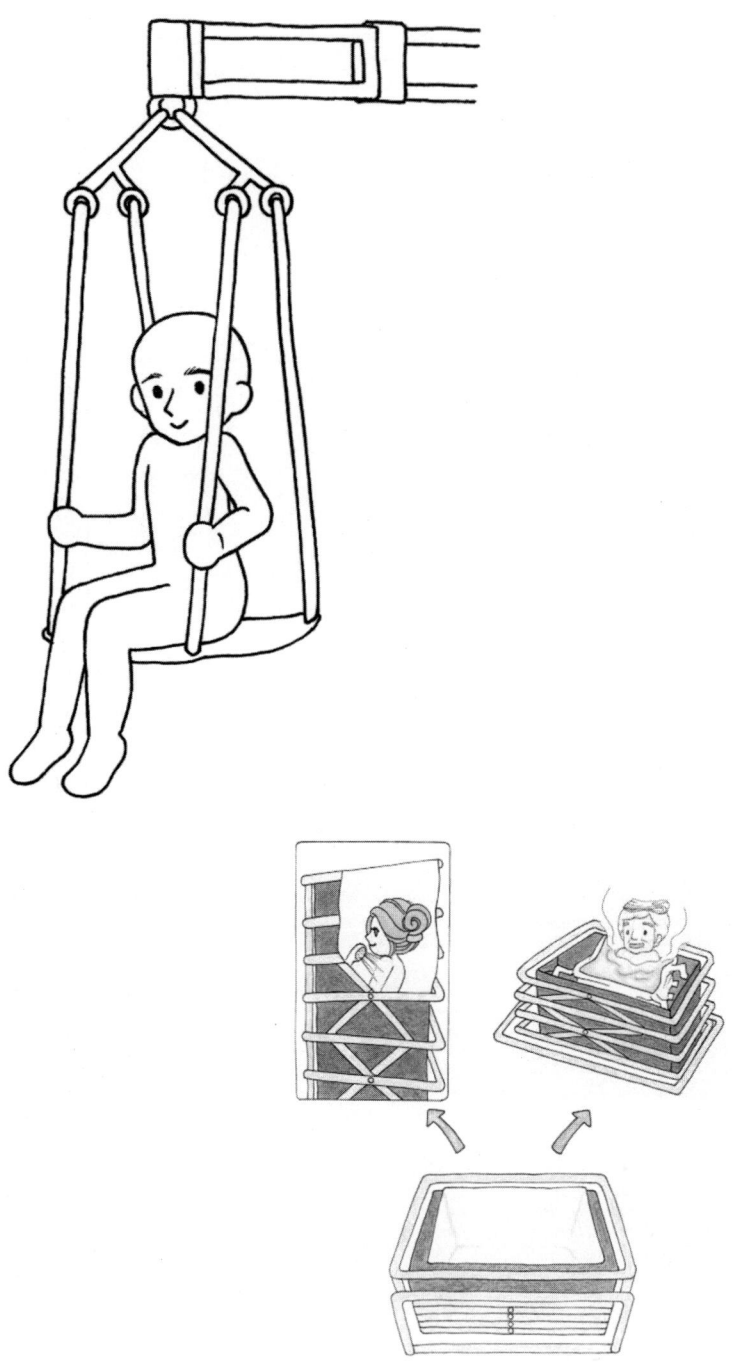

⑸ 浴用椅子に移動された状態
　浴槽を入浴の高さの位置まで調整し、入浴する。

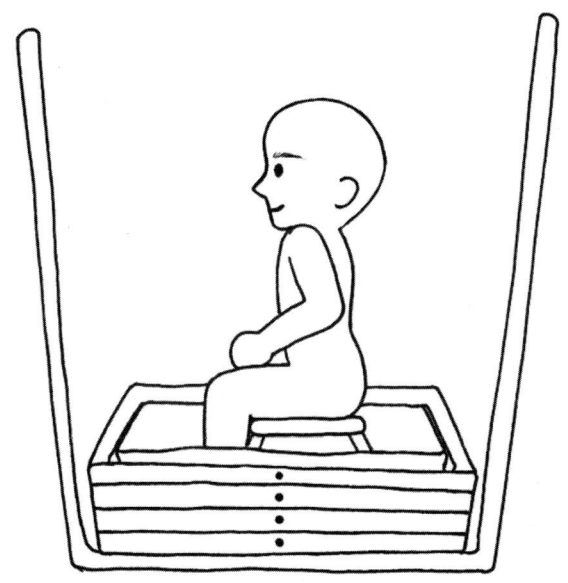

(6) 耐震ベットからの入浴
　　耐震ベットから手摺りを利用して、入浴する状態。

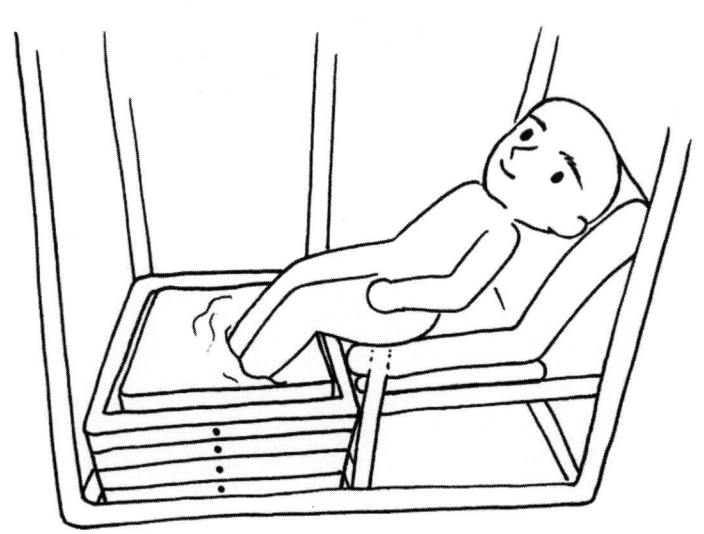

⑺ 耐震ベットからの入浴

　介護される人を吊り上げてから浴槽の中の椅子に移動した状態。

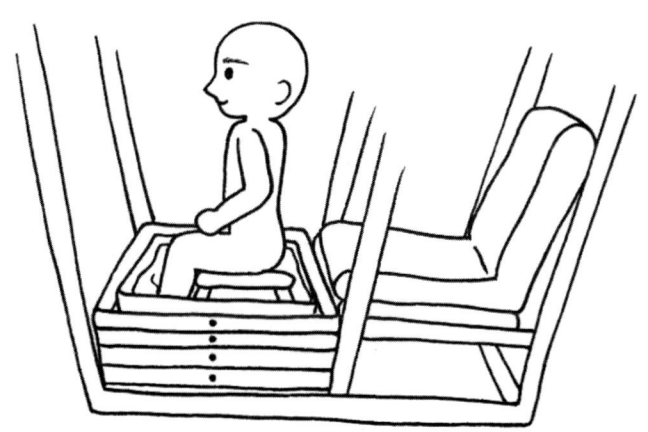

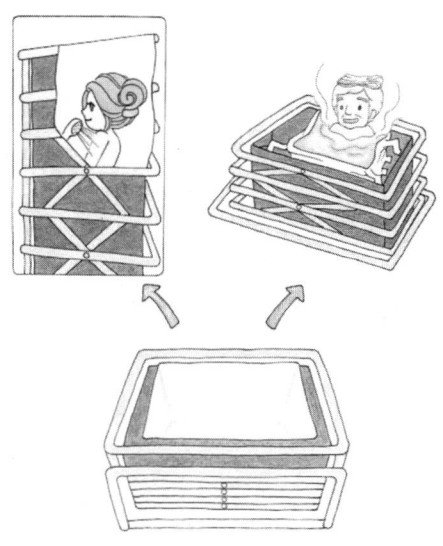

2、英語解説

Energy-saving multifunctional bathroom of carrying and one-touch installation Description (illustration description)

(1)
The state which contracted the bathtub

The busy condition before contracting, entering into a bathtub and taking bathing or a shower

(2)
The busy condition of bathing

The state which is adjusting the height of Expansion and contraction frame interlocked with an elastic bathtub to the position of bathing, and is taking a bath.

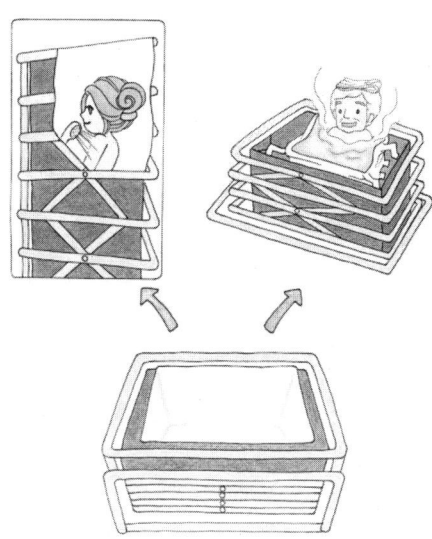

(3)
The busy condition of a shower

The state where adjust to the position of the height which takes a shower in the bathtub interlocked with Expansion and contraction frame, and it is taking a shower.

(4)
The state which lifted the legless chair which picked up elderly people

Those who are cared for are put on a legless chair, and it is moving to a bath chair.

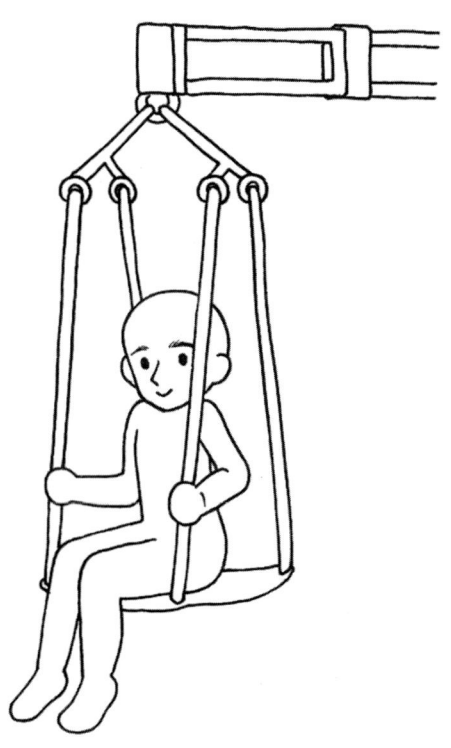

(5)
The state moved to the chair in a bathtub
A bathtub is adjusted to the position of the height of bathing and a bath is taken.

(6)
Bathing from an earthquake-proof bed
The state which takes a bath from an earthquake-proof bed using balustrade

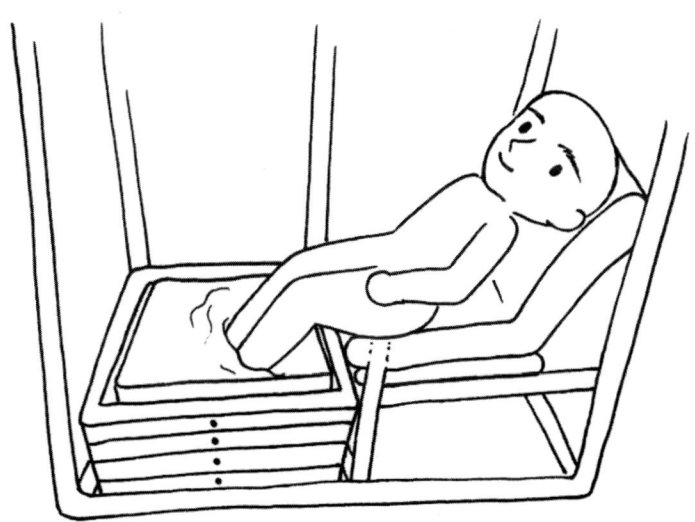

(7)
Bathing from an earthquake-proof bed

The state which moved to the chair in a bathtub after lifting those who are cared for.

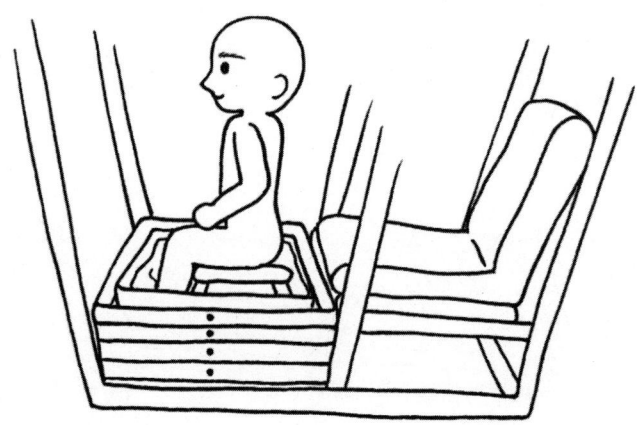

3、公報解説

特許第5380568号
発明の名称；省エネルギ多機能浴室
特許権者；下山　實

【特許請求の範囲】
【請求項1】
人の体形や姿勢に合わせて内側空間形状を有する水密で伸縮可能に植立し得る浴槽筒状体と、この浴槽筒状体の外側を囲み複数段積み重なった伸縮袋の各段が一定形状に膨張・変形して上記浴槽筒状体を伴って植立する立ち上げ段部と、この立ち上げ段部及び浴槽筒状体が植立されない縮んだ状態にてこれらをまとめて収納し得る持ち運び可能な収納台容器と、上記浴槽筒状体に向けて外部から繋がれ得る流体の供給部と排出部と、を備える浴槽を有する省エネルギ多機能浴室。

【請求項2】
上記請求項1において、上記供給部と排出部には複数種類の方向切替弁とこの方向切替弁に繋がる流体給排装置とを有することを特徴とする省エネルギ多機能浴室。

【発明の詳細な説明】
【技術分野】
【0001】
本発明は、高齢者・身体障害者等の入浴を助け、かつ介助あるいは介護をする者の労力を軽減する浴槽を備えたシステムとしての浴室であって、温水量を抑えひいては温水を沸かす燃料費を抑え、更には簡易に設置でき設置場所を取ることなく設置場所の制約も緩やかとしかつ持ち運びが容易にでき、必要に応じて入浴のみならずシャワー室やサウナ風呂にもなり得る省エネルギ多機能浴室に関する。
【背景技術】
【0002】
一般に、浴室は建物の一角を占め、入浴するにあたっては浴室まで移動して、いわゆる「風呂に入る」ことになる。このため、浴室は一般的な固定観念としては、建物の一部で移動不可能なものである。もっとも、災害時における避難所等に設置される仮設共同風呂や移動入浴車は、分解・組み立て可能あるいは移動可能な風呂ではあるが、災害に遭遇した人々に対する仮の浴場であり、また介護の為の移動風呂であって、使用目的が限られたものである。本発明者は、更に汎用に使用可能な移

動浴室を模索し、いわゆる「どこでも（温水等の使用と排水箇所は必要不可欠であるが）誰でも風呂に入れる」携行可能な移動風呂をここに提案する。本発明の如き携行可能な移動風呂は、調査した範囲では未だ提案されていない。また、温水を張った湯船につかる習慣が無くシャワーで体を洗う習慣がある国においても、携行可能なシャワー室は少なくとも発明者の知見としては存在しない。

【０００３】
別の観点から、最近の人口減少時代に増加する高齢者や身体障害者の入浴に着目したとき、すなわち、自身の入浴がままならない高齢者・認知症者・身体障害者（以下高齢者として総称する）及びこの高齢者を入浴させる介助者・介護者（以下介助者として総称する）に着目したとき、健常者の入浴と異なり現場では高齢者及び介助者双方にとって精神的及び肉体的な負担と労力を伴い、高齢者にとっても介助者にとっても安心して楽に入浴できるようこの負担と労力を何とか軽減したいものである。前述の移動入浴車を例にとっても、構造としては従来から存在する浴槽を車載し、給温水排水設備を備えており、高齢者の移動時間や移動距離を少なくできたことは非常に助かるのであるが、高齢者を対象として入浴させるにあたっては、介護用付帯設備を備えていても高齢者自身あるいは介助者にとって、やはり大きな負担と労力を費やすことは避けられない。このために、従来では、高齢者の入浴の負担並びに介助者の労力を少しでも軽減するための提案が数多く出されており、浴槽を伸縮可能な構造とした浴槽（特開平７－８４００公報、特開平１０－３０９３０３公報）や専用の車椅子に乗ったまま入浴できる構造とした浴槽（特開２００２－８５５０８公報）あるいは分解組み立てが可能な浴槽（特開２００７－１８１５９０公報）など多種多様な提案がある。

【０００４】
しかしながら、高齢者の負担軽減及び介助者の労力軽減という観点すなわち高齢者が少しでも入浴し易く介助者が少しでも楽になるというような観点のみに立てば、多くの優れた提案が存在するものの、同時に別の観点からは一人の入浴のために多量の湯が必要になりかつ燃料費もかさむ等の問題点が生じている。例えば、前述の専用の車椅子に乗ったままの入浴では多量の温水を要するのみならず浴槽の重量や嵩も大きくなり、高価なものとなるなどの問題点が生じている。すなわち、総合的には、前述の携行可能な移動風呂というのは見当たらず、また、多量の温水や燃料費を抑えて簡易で安価な移動可能な浴槽を設置して高齢者や介助者の負担と労力を軽減するための効果的で実現性の高いシステムとしての浴室は見当たらないのである。

【先行技術文献】

【特許文献】
【０００５】
【特許文献１】特開平７－８４００号公報
【特許文献２】特開平１０－３０９３０３号公報
【特許文献３】特開２００２－８５５０８号公報
【特許文献４】特開２００７－１８１５９０号公報
【特許文献５】特開２００９－３３０号公報
【特許文献６】特開２００５－５２２４７号公報
【特許文献７】特開２００２－３３９４１３号公報
【発明の概要】
【発明が解決しようとする課題】
【０００６】
本発明は、上述の問題点に鑑み発明されたもので、移動可能な浴室という観点と高齢者の負担をなるべく少なく安全に介助者もその労力をできるだけ少なくすることから始まって、使用する温水量を抑えそして温水を沸かす燃料費も抑えていわゆる地球温暖化の抑制にも繋がる省エネルギを目指し、また設置場所を取らず携行が可能で設置場所の制約や費用も今までより緩やかなものとし、必要に応じて入浴のみならずシャワー室やサウナ風呂にもなり得る省エネルギ多機能浴室を提供する。
【課題を解決するための手段】
【０００７】
上記目的を達成する本発明の構成は、自らは形状が保持できず水密で人が入り得る浴槽筒状体とこの浴槽筒状体の外側を囲み流体の注入にて一定形状となって上記浴槽筒状体とともに植立する複数段の伸縮袋を備えた立ち上げ段部と、この立ち上げ段部及び上記浴槽筒状体を収縮して収納する収納台容器と、上記浴槽筒状体には外部から繋がれた供給部と排出部とを有することを特徴とする。
【０００８】
また、上記浴槽筒状体は、入浴者の体形や姿勢に合わせて、内側空間形状を変える構造を有することを特徴とする。
【０００９】
更に、上記供給部及び排出部には、それぞれ複数種類の切替弁と流体給排装置とがつなげられることを特徴とする。
【発明の効果】
【００１０】
浴槽自体は、伸縮して収納台容器に収納できる構造のため、持ち運びが可能となり

どこにでも携行可能となって今までの風呂の概念を覆し、最低空気の給排と例えば温水の給排水が可能であれば場所を問わずに設置可能である。
【0011】
立ち上げ段部及び浴槽筒状体が伸縮可能な構造であることは、上記浴槽が持ち運び可能なこととも相俟って、高齢者や介助者の負担と労力の大幅な低減をもたらす。
【0012】
浴槽筒状体自体は、入浴者の体形や姿勢に合わせて、内側空間形状を変える構造を有するので、温水量が従来の浴槽と比較して格段に削減でき、水量や温水を沸かす燃料を削減できて省エネルギな浴室を得ることができる。
【0013】
浴槽自体の配管を自由に接続することが可能となり、必要に応じて体を温める風呂のほかシャワー、サウナ風呂、温風乾燥等入浴者の意向に応じて多機能な使用目的の浴室として利用可能となる。
【図面の簡単な説明】
【0014】
【図1】本発明の省エネルギ多機能浴室の浴槽の一例を示す簡略平面図。
【図2】上記浴槽の簡略正面図。
【図3】上記浴槽の簡略側面図。
【図4】上記浴槽を収縮した状態の簡略側面図。
【図5】上記浴槽を途中まで伸ばした状態の簡略側面図。
【図6】本発明の省エネルギ多機能浴室の浴槽の変形例を示す簡略側面図。
【図7】高齢者の吊り上げ装置の一例の簡略正面図。
【図8】上記吊り上げ装置の簡略側面図。
【図9】上記吊り上げ装置による高齢者吊り上げ途中の簡略した状態図。
【図10】耐震ベッドを用いた場合の高齢者吊り上げ途中の簡略した状態図。
【図11】上記一例の浴槽に対する流体給排の接続系統並びに流体給排装置（設備）のシステム系統図。
【図12】本発明の省エネルギ多機能浴室の浴槽の他の例を示す簡略平面図。
【図13】上記他の例の浴槽の簡略正面図。
【図14】上記他の例の浴槽の簡略側面図。
【図15】上記他の例の浴槽を収縮した状態の簡略側面図。
【図16】高齢者を上記他の例の浴槽の浴用椅子に移し終えた状態図。
【図17】高齢者を座椅子に移し、座椅子を吊り上げた状態図。
【図18】高齢者を乗せた座椅子をそのまま浴用椅子に移し終えた状態図。

【図１９】もう一つの他の例の浴槽の簡略側面図。
【発明を実施するための形態】
【００１５】
図１乃至図５は、本発明の浴室に使用する浴槽の一例を示している。この浴槽は、概略箱型の収納台容器１、上下方向に伸縮可能で伸びた状態では浮き輪を上下に積み重ねたような形状となる立ち上げ段部２、この立ち上げ段部２の内側空間に位置してこの立ち上げ段部２の伸縮に伴い伸縮する浴槽筒状体３からなる。
【００１６】
収納台容器１は、上から見て例えば図１に示すように矩形の箱で、図４に示すように立ち上げ段部２の収縮によってこの立ち上げ段部２及び浴槽筒状体３が収納できる大きさと形状を有し、持ち運び可能なように軽量である。また、この収納台容器１は、浴槽使用の状態では水、人等のそれぞれの重量が加わるので、その重量に耐える強度も必要である。軽量を重視する場合には全体を軽量な部材で構成し、部分的に荷重が加わる箇所に補強部材を配置することも可能である。また、収納台容器１は、後述のいわゆるアウトドア用の戸外での使用のみに限る場合はともかく、屋内の使用が普通となるので水漏れなくいわゆる水密性を有する必要がある。具体的には、例えば縦１．２ｍ、横１．２ｍ、高さ０．４ｍの軽量な金属、あるいはプラスチックの箱が挙げられる。収納台容器１には、図４に示すように持ち運びが便利な、取手１１やキャスタ１２、保管にも便利となる蓋部１３を有する。収納台容器１の内部には、図１に示す空気の給排部１４、温水などの供給部１５、蒸気・温風の供給部１６、排出部１７、そして図２、図３に示す攪拌機１８を有する。又、図１～図３に示すように空気の給排部１４は、６方向電磁弁１４１を介して後述する流体給排袋に貼り付けられた５本のホース１４２に繋がる。温水などの供給部１５は、浴槽筒状体３の内部に繋がる供給管である。蒸気・温風の供給部１６は、２方向電磁弁１６１を介して浴槽筒状体３の内部に繋がる。この電磁弁１６１及びその出口配管は、それら内部に温水が溜まらないように排出部１７の排水口１７１より高い位置に存在している。排出部１７は、３方向電磁弁１７３を介して浴槽筒状体３底部の排水口１７１に繋がる配管と浴槽筒状体３と立ち上げ段部２の間底部の排水口１７２に繋がる配管を備える。なお、６方向電磁弁１４１、２方向電磁弁１６１、３方向電磁弁１７３は、電磁力による方向切替弁であるが、空気、機械、押しボタン等の駆動あるいは手動によって切替えられる６方向切替弁、２方向切替弁、３方向切替弁としても良い。
【００１７】
立ち上げ段部２は、図１～図３で示すように収納台容器１に嵌まり込む大きさを有

し、図2～図5に示すようにいわゆる浮き輪形状の伸縮袋（流体給排袋21）が複数段積み重なったものである。この流体給排袋21は、内側に浴槽筒状体3が配置可能な空間を有し、袋内部に充填した流体が漏れないものであり、使用時の流体の給排による変形に対して丈夫な材料が選ばれる。材料としては、例えばエアーボートに使用される合成樹脂とか塩化ビニル等を用いる。ここで、流体給排袋21は、流体を供給排出可能でかつ流体を密封可能な袋であり、流体としては空気を使用するのが最も好都合であるが、他の気体や水等の液体を用いることもできる。更には、簡便な伸縮袋として流体給排袋21のように流体の給排はしないが荷重をかけつつ圧縮して扁平形状とし荷重を除けば浮き輪状に復旧する材料を使用するとか後述に説明する浴槽筒状体3と同じ布状の構造、材料を使う方式（図19）も考えられる。

【0018】
図2、図3に示す例では、10個の流体給排袋21が積み重ねられた状態を示しており、連通する二個の流体給排袋が一組となってその上部に安定板22が載置固定されている。この安定板22は、流体給排袋21と同様収納台容器1に嵌まり込む大きさで内側に浴槽筒状体3が配置可能な空間を有する。この安定板22の外側部には、上の安定板22の後述する孔に一端が固定され、下の安定板22に固定端が取り付けられたスプリング231の遊端に他端が繋げられた高さ調整紐又はワイヤからなる条体23を有する。上記下の安定板22にはスプリング231が一定長さ以上伸張させず条体23の伸ばし長さを制限するためのストッパ（図示省略）や高さ方向に伸び得る条体23の向きを水平方向に変えるためのローラ（図示省略）が取り付けられ、流体給排袋21の収縮時に例えば安定板22間が接近するとスプリング231がローラを介して条体23を横方向（水平方向）に引っ張り込み、流体給排袋21の膨張時条体23が高さ方向に伸び例えば安定板22間が広がるとスプリング231がストッパに当たるまで伸長する。したがって、条体23の向きを規制するローラやスプリング231の伸びを規制するストッパを有する状態でスプリング231に繋がれた条体23は、流体給排袋21の膨張時ストッパにより高さが調整され、スプリング231の偏奇力により水平を安定して保つ働きを有し、スプリング231の収縮時条体23を水平方向に引っ張り込み確実に収納される。図2、図3では、下から2番目、4番目、6番目、8番目、10番目の各流体給排袋21の上部に安定板22が位置し、最下部の安定板22を含む各安定板22間には条体23が位置することになる。

【0019】
図1に示す安定板22は、最上部の流体給排袋21上に位置するものを示すが、こ

の安定板２２にはその四隅に前述した条体２３を通し固定する孔２２１が形成される。各安定板２２の四隅には全てこの孔２２１が形成され、条体２３の一端が通されかつ固定され、条体２３他端は、下の安定板２２あるいは収納台容器１に取り付けたスプリング２３１の遊端に繋がれることは前述の通りである。安定板２２間の条体２３の長さは、流体給排袋２１が膨らんだ状態での高さ調整と安定のために設定されており、更には、この条体２３の長さ設定にて安定板２２下方の流体給排袋２１の膨らみも抑えられ、流体供給の際内部圧力の上昇を検知することで、更に上方の流体給排袋２１の流体供給を開始するためにもある。すなわち、最下端の二個の流体給排袋２１から流体圧（内部圧力）の検知によって順に上方の二個の流体給排袋２１に流体を供給し、立ち上げ段部２を下から上方に向かって水平を保ちつつ立ち上げ植立させるためにもある。この立ち上げ段部２の立ち上げについては図１１の説明にて更に述べる。なお、流体給排袋２１が決まった形状にて安定して膨張する場合には、各安定板２２や収納台容器１にスプリング２３１やストッパ、ローラを設けることなく、最下部から最上部の安定板２２まで各々の安定板２２間を孔２２１を介して条体２３で結ぶという簡便な構造を採ることもできる。

【００２０】
なお、図２、図３に示す例では、流体給排袋２１を連通した二個一組とし、各組に安定板２２と条体２３を備えたものであるが、流体給排袋２１の組み合わせ個数や安定板２２や条体２３の個数は、この例に限るものではない。例えば、流体給排袋２１を三個一組とし、あるいは大きめの流体給排袋２１一つを一組とし、更には、各組に安定板２２を配置することなく、複数組ごとに配置しても良い。要は、流体給排袋２１上下各組の水平で安定した上昇による立ち上げ段部２の植立と内部圧力の検知を行うことができればよい。流体給排袋２１の個数や組み合わせ個数、安定板２２や条体２３の個数は、持ち運べる大きさや重量を勘案し、流体給排袋２１や安定板２２の材料の丈夫さや重量を加味して決めることができる。この流体給排袋２１の個数、材料の丈夫さや重量あるいは膨らみ切るまでの形状安定性によっては、条体２３や安定板２２が必要なくなる場合もあり得る。

【００２１】
次に、浴槽筒状体３について述べる。収納台容器１上にあって、立ち上げ段部２の内側空間すなわち流体給排袋２１の内側空間には、浴槽筒状体３が配置される。この浴槽筒状体３は、それ自体では筒形状を保ち得ず立ち上げ段部２の立ち上げに伴って筒状に形が成立する。すなわち、浴槽筒状体３は、図４に示すように立ち上げ段部２が収縮した状態では筒状を留めずに折り重なり、図２、図３に示すように立ち上げ段部２の伸長に伴って筒状になる。したがって、浴槽筒状体３は、立ち上げ

段部２の立ち上げに連動して立ち上がるように、たとえば安定板２２の内側部分と伸縮紐３１などにて連結してある。この伸縮紐３１による浴槽筒状体３と安定板２２との連結は、図３では二箇所であるが、これに限るものではなく、要は連動して立ち上がるようになっていればよい。
【００２２】
浴槽筒状体３は、浴槽であってこの中に温水が満たされ得る。このため、浴槽筒状体３は、全体としては水密性の布状の材料からなる筒状の袋であり、水圧や人体からの荷重に耐え得る強度を有する。すなわち、材質は例えば雨傘やテントの生地であるポリエステルやポリウレタンなどの防水性のある化学繊維やコーティングされた天然繊維で作られ、強度が必要な箇所は複数枚を張り合わせた筒状体を上下につなぎ合わせたものである。なお、浴槽筒状体３の周囲は、立ち上げ段部２や収納台容器１があるので、浴槽筒状体３自体の防水性はにじみ出る程度の材料であってもかまわない。
【００２３】
かかる材質の浴槽筒状体３は、立ち姿勢の人体形状に合わせて部分的に径の違う筒状体にて形成され、すなわち、浴槽筒状体３は、人体形状に合わせてその内側空間形状を変えてある構造で、例えば図２、図３に示すように、底部は攪拌機１８が収まるように下半身は細径に腰から上の上半身は太径に最上部は腕が動かせるように最太径に作られ、浴槽筒状体３内に人が立った状態で人とこの筒状体との間隔が狭くなるように場所によっては数センチになるように作られる。径の違う箇所は、接着や溶着にてつなぎ合わせる方法や縫い合わせて防水処理をする。そして、浴槽筒状体３の下端は袋状に形成されて排水口１７１を有し３方向電磁弁１７３を備えた排出部１７に繋がる。上端は首の部分ですぼまるようにあるいは密閉蓋２４にて、内部の熱、蒸気、温風が封じ込められ必要により排気口２５より排気するように形成される。この場合、浴槽筒状体３は、人一人分の大きさに作られるので、各個人用のオーダーメイド品として作ることができ、あるいは大人とか子供に合わせた標準品として作ることができる。このため、浴槽筒状体３自体は、伸縮紐３１を解くなどすれば、その中に入る人に応じて収納台容器１や立ち上げ段部２に対して着脱可能に備えられる。
【００２４】
更に、浴槽筒状体３には、その筒状体の長さ方向の数箇所（図２、図３の例では７箇所）に、筒状体の周囲を廻る円形とか楕円形とか環状のパイプ３２が取り付けられている。この環状のパイプ３２の内側には、複数の孔（図示省略）が開けられてノズル（図示省略）が取り付けられている。そして、このノズルに対応して筒状体

に孔（図示省略）が開けられ、ノズルを通って浴槽筒状体３内に温水が注がれ得るようになっている。すなわち、このパイプ３２は浴槽筒状体３の複数個所での補強をかねた温水や後述する特殊液の供給管である。なお、このパイプ３２の位置に合わせて筒状体の生地を張り合わせて補強すれば、丈夫な筒状体ができる。また、ノズルの先端は人体に接触しあるいは面するので、ノズルの先端を筒状体の生地表面より凹ませるとか、怪我の無い弾力のある素材や滑らかな形状加工をするとかの配慮が必要である。ノズルと筒状体との間は、接着などにて水漏れなく水密になっていることはもちろんである。また、図に示すように各パイプ３２は伸縮を容易に出来るように螺旋状に巻かれた供給ホース３３によって連通され、すべてのパイプ３２から温水、特殊液が供給され得ることになる。また、図２中、人の腰位置には、調整可能な腰掛用のベルト３４が備えられる。このベルト３４は安定板２２に繋げられた伸縮紐３１に結ばれるパイプ３２に端が取り付けられ、大腿部を支持するように巻きつけられあるいは環状に形成された構造を有し、上半身を支える。このため、このベルト３４は、自身である程度起き上がることができるいわゆる高齢者の腰掛ともなり、行動が自由な健常者用の腰掛ともなる。

【０025】
浴槽筒状体３の下端部には、図２～図５の例では攪拌機１８が配置されている。この攪拌機１８は、入浴中に人体と浴槽筒状体３との間の温水を攪拌するためのもので、温水の渦巻流水を生じさせ、立ち姿勢の状態のままで人体を洗浄するためのものである。この攪拌機１８の構造は、足の下に洗濯機に使われているような回転ドラム１８１を取り付け、足と回転ドラム１８１の間に液体を通り易くするため、複数の穴を空けた板で仕切り、回転ドラム１８１を回転することにより、浴槽筒状体３の上段まで渦巻流水を作り、体を洗う。なお、後述のように高圧ポンプを用いたシャワーがあれば、攪拌機１８の代替となるので、この攪拌機１８設置は必要不可欠なものではない。

【００２６】
さて次に、上述したような収納台容器１、立ち上げ段部２、浴槽筒状体３の使用について述べる。所要箇所に持ち運ばれた収納台容器１はその蓋部１３が外され、図４に示すように入浴者が攪拌機１８上の浴槽筒状体３の中央部に立つ、同時に立ち上げ段部２の流体給排袋２１の最下段に流体（以下空気とする）を供給部１４から注入する。最下段の二つの流体給排袋２１に空気を充填し内部圧力検出器（図１１の７５参照）にて一定内部圧力を検出すると流体給排袋２１の電磁弁１４１を締め空気を密封し空気の供給を停止する。ついで、電磁弁１４１を切替え次の上部の二つの流体給排袋２１の空気の供給を開始し同様にして空気を充填し一定内部圧力

の検出にて電磁弁を閉め空気の供給を停止する。こうして、順に上方の流体給排袋２１に空気を充填し図５に示すように三組６個の流体給排袋２１の充填、ついで図２、図３に示す五組１０個の流体給排袋２１の充填を行う。そして、この流体給排袋２１の空気の充填による立ち上げ段部２の上昇とともに浴槽筒状体３が筒状の形になり人体を包む。なお、図５の腰まで立ち上げ段部２が上昇した時点では、腰掛用のベルト３４を入浴者の体形に合わせて微調整する。ここでの空気の供給についての説明は、図１１にても述べる。
【００２７】
浴槽筒状体３が人体を包んだ状態で、入浴する場合は、排水口１７１を３方向電磁弁１７３により閉じ、排水口１７２を開けた後、供給部１５から供給ホース３３を経由してパイプ３２のノズルから温水が浴槽筒状体３内へ供給される。そして、温水が浴槽筒状体３の首位置まで満たされ人体の首まで温水に浸かることにより体を温めることができる。尚、お湯の量を少なくしたことによる温度の低下防止と好みの温度を保つため、常にお湯を供給してオーバーフロー３５させ排水口１７２から排水・循環させる方法を備えた。このとき、撹拌機１８にて温水を撹拌することで体の洗浄もでき、更に入浴者が手を使うことで立ち姿勢ではあるが入浴者の意に沿った体の洗浄も可能である。また、例えば、入浴者が下半身のみ入浴したい場合には、図５に示す状態まで立ち上げ段部２を立ち上げ、この立ち上げ位置にて温水を浴槽筒状体３に供給すれば下半身浴ができる。シャワーを浴びる場合は、排水口１７１を３方向電磁弁１７３により開け、排水口１７２を３方向電磁弁１７３により閉めた後、供給部１５から供給ホース３３を経由してパイプ３２のノズルから温水を噴出させれば、体の洗浄を促すシャワーが出来る。又、この状態で供給部１５を特殊液水槽（図１１の９３参照）に繋ぐことにより、各種の特殊液によるシャワーが出来る。
【００２８】
以上の説明は、供給ホース３３から浴槽筒状体３に温水を供給し、入浴やシャワーをする場合を述べたが、供給部１６に繋ぐことにより足の下から温風を噴出すことで温風乾燥や保温が可能となり、また温度が高い蒸気を噴出すればサウナ風呂にもなる。この場合、効果的には、浴槽筒状体３の上端部は温風や蒸気が逃げないように入浴者の首位置にてすぼめ、あるいは密閉蓋２４をかぶせる必要がある。いずれにしても、供給流体によって同じ場所、姿勢にて種々の入浴が可能となる。なお、温水、特殊液水、温風、蒸気の供給や排出については、図１１にて説明する。
【００２９】
図１乃至図５に示す浴槽の浴槽筒状体３は、化学繊維や天然繊維の生地を筒状に形

成したものを用いている。図６では、この浴槽筒状体３が立ち上げ段部２と同様に複数段の浮き輪状の内側伸縮袋３６と内側安定板３７と条体２３により形成されている。この内側伸縮袋３６は、図１乃至図５に示す浴槽の浴槽筒状体３と同様立ち上げ段部２の内側空間に筒状に伸縮可能に備えられる。そして、複数段（図６では５段）に積み重ねられた内側伸縮袋３６上に水平を保ちつつ立ち上げ植立させるための内側安定板３７が載置固定されている。この図６に示す浴槽筒状体３は、その内と外の間に流体の漏れがないように内側伸縮袋３６同士及び内側伸縮袋３６と内側安定板３７とは接着や溶着によって流体密に積み重ねられている。また、図６の４個５段（最上段は２個）の内側伸縮袋３６はその内部が連通しており、流体（例えば空気）の供給にて上部に立ち上るように膨らみ、流体の排出にて萎む。なお、最上段の２個の内側伸縮袋３８は、腕の動きを容易にするため大きく太径に作ってある。更に、図１乃至図５に示す浴槽筒状体３のパイプ３２のノズルは、この図６の例では、内側安定板３７内に流体密に収められ、供給ホース３３を介して内部に温水等を供給する。

【００３０】
この内側伸縮袋３６の伸縮は、立ち上げ段部２の流体給排袋２１の立ち上がりと同期して立ち上がるようにするのが好ましい。このため、立ち上げ段部２の流体給排袋２１と内側伸縮袋３６とを所要箇所にて連通し、立ち上げ段部２の２個の流体給排袋２１の空気充填とともに、この流体給排袋２１よりも小さな例えば４個の内側伸縮袋３６の流体充填をするのが好ましい。立ち上げ段部２の安定板２２と浴槽筒状体３の内側安定板３７とは、連動するように伸縮紐３１にて結ばれ、浴槽筒状体３の横方向の安定も図っている。

【００３１】
図６においては、内側伸縮袋３６の内側に流体袋３９が備えられる。この流体袋３９は、一様な内側伸縮袋３６の内側空間を人体の形状に合わせるように内部空間形状を変えるため、つまり、温水の使用量を減らすために配置される。図６の内側伸縮袋３６では、下半身の脚部に当たる例えば図２，３，５にて示す浴槽筒状体３の細径の部分位置に流体袋３９が備えられる。この流体袋３９は、その位置での内側伸縮袋３６と連通してその内側伸縮袋３６の膨張・収縮に連動して膨張・収縮をさせることができる。こうして、図６に示す浴槽筒状体３は、積み上げられた内側伸縮袋３６と内側安定板３７及び攪拌機１８を収納する底袋部分からなり、内側安定板３７間及び内側安定板３７と攪拌機１８の仕切り板との間は、前述した立ち上げ段部２に備えられた条体２３と同様の条体２３が備えられる。図６での立ち上げ段部２の機能、空気の給排部１４、温水の供給部１５、蒸気や温風の供給部１６、排

出部１７は、図１～図５と同じであるのでその説明は省略する。
【００３２】
これまで、浴槽は、持ち運びが可能で伸縮して浴槽の形体となるものであることを説明した。健常者の入浴の場合はともかく、高齢者や介助者の負担と労力の軽減のためにも、本浴槽をここに提案した。ここで、高齢者の入浴にあたっては、高齢者を浴槽まで搬送する装置が必要である。この場合、浴槽は、持ち運びが可能で嵩も大きくならないのでベッド横など何処でも設置できるため、浴槽の収納台容器上まで高齢者を移動できれば、高齢者の入浴は容易に済む。すなわち、高齢者を搬送する装置としては、簡単な構造のものですむことになる。

【００３３】
図７～図９は、吊り上げ装置４を示す。この吊り上げ装置４は、下端にキャスタ４１を有する４本のパイプを植立させて箱型に組み立てた移動ラック４２で、天井部分には高齢者である入浴者を吊り上げるための昇降手段４３が備えられ、この昇降手段４３には入浴者を固定して吊り上げるための吊り上げベルト４４が備えられる。ここで、移動ラック４２はキャスタ４１にてその移動方向が自在で、昇降手段４３は例えば手動のチェーンブロックとか電動上下機構などが用いられる。吊り上げベルト４４は入浴者の体形に合わせたベルトで、図では線にて簡略に表示しているが、大腿部から臀部や腰にかけて体重を支え、かつ腕の脇の下にて体重を支える構造である。具体的には、リング状に巻きつけられるベルト４４１，４４２（あるいはリング状に形成されたベルト）に大腿部や腕を通す状態で支える構造が良い。更に、場合によっては、頭部を支える鉢巻状のベルト（図示省略）を備えても良い。

【００３４】
吊り上げ装置４によって入浴者を吊り上げるにあたっては、図９に示すように例えば横になっている高齢者の衣服を脱がしたうえで大腿部や腕にベルトを装着した後、昇降手段４３にて高齢者を徐々に吊り上げる。このとき移動ラック４２自体が移動できるため、昇降手段４３でベルト４４１を上昇させ上体を起こしながら移動ラック４２を前方へ移動させ固定状態の寝具４５に対して高齢者の吊り上げを無理なく行うことができる。吊り上げた後は、移動ラック４２を移動させて設置した浴槽上に移動すれば直ちに入浴が可能になる。なお、入浴の際は、吊り上げベルト４４を装着したまま入浴しても良く、あるいは高齢者が体を動かし運動するためにも浴槽に降ろして吊り上げベルトを外して腰掛用のベルト３４に腰掛けるようにして入浴しても良い。

【００３５】
図１０は、耐震ベッドの場合を簡略して図示している。耐震ベッド５はベッドに寝

ている高齢者を例えば建物の倒壊から守るためベッドの回りを囲った構造を有し、この天井部分に図７～図９の説明でも述べた昇降手段４３や吊り上げベルト４４とこれらを前後に移動できるスライド構造（図示省略）を備え、高齢者である入浴者を吊り上げようとするものである。この場合、浴槽は前述したように持ち運びが可能な大きさであるので、この耐震ベッド５の図１０に示す寝具４５や寝台の下におくことができるため、その場にて入浴が可能となる。高齢者の吊り上げについては、図７～図９にて説明したように大腿部や腕にベルト４４１を装着し、昇降手段４３にて吊り上げを行う。吊り上げ後は、寝具４５や寝台を退けることで、直ちに入浴が可能となる。

【００３６】
これまで浴槽及び高齢者の移動について述べてきた。本浴槽では立ち上げ段部２の立ち上げにより浴槽としての体をなすので、流体給排袋２１や図６の内側伸縮袋３６への流体例えば空気の供給・排出手段が必要不可欠である。更に、浴槽である以上温水の供給や排出あるいはシャワーの場合には高圧のシャワー水の供給と排出、更にはサウナの場合には蒸気の供給、等が当然に必要となる。従来のように建物内にシャワー可能な浴室を設ける、サウナ室を設ける、などしなくても、本浴槽では持ち運べることとも相俟って入浴もシャワーもサウナも更には温風乾燥など他の機能も可能となるが、温水や蒸気更には温風などの供給・排出手段は、必要に応じて備えることとなる。この場合、本浴槽自体が持ち運び可能であり給排部１４、供給部１５、１６や排出部１７につなぐ構造となっているので、仮にすぐ近くに供給・排出手段が存在しなくても、ホースなどを伸ばせば温水等の供給・排出が簡単にできる。

【００３７】
図１１は、収納台容器１に給排される空気、温水、特殊液水、温風、蒸気の供給と排出の系統を示している。これはすべてを装備した系統図であり、例えば家庭の風呂のみを使う場合は、空気、温水、排水の系統ａ、ｂ、ｄのみを使い、温風や蒸気の系統ｃを省いて費用を抑えることもできる。つまり使用者の目的に合わせ系統及びそれに係わる装置や設備を選択する。

【００３８】
図１１において、上段は浴槽の平面図を示し、下段は接続対象となる選択可能な設備や装置（流体給排装置）、および流体の方向を制御する装置７の接続系統図を示す。中段は上段と下段を接続するホース６で両端部には、ワンタッチ接続口６１と制御線６２を備える。重複して表示する符号ａ～ｏは、例えばホースによる接続部分を示し、同じ符号同士の接続部分が接続されることを表す。

【００３９】
接続系統には、まず立ち上げ段部２や内側伸縮袋３６に流体（ここでは空気とする）を供給・排出する６方向電磁弁１４１が配置されている。この６方向電磁弁１４１の給排部１４は、圧力センサ７５を介して３方向電磁弁７６の給排口７１に接続され、この３方向電磁弁７６は圧縮機８３及び吸引機８４に接続されている。すなわち、接続部分は、ａ同士、ｅ同士、ｆ同士が接続される。

【００４０】
空気の供給では、圧縮機８３が駆動され、接続部分ｅ及び３方向電磁弁７６を介して接続部分ａ及び６方向電磁弁１４１の一つのポートから最下端の流体給排袋２１や内側伸縮袋３６に空気が供給される。そして、最下端の流体給排袋２１や内側伸縮袋３６の流体圧が上昇して圧力センサ７５で検知されると６方向電磁弁１４１が切替り、次のポートから上の二組目の流体給排袋２１や内側伸縮袋３６に空気が供給される。こうして、立ち上げ段部２や内側伸縮袋３６に次第に空気が供給されて立ち上げ段部２が立上る。空気の充填後は６方向電磁弁１４１の中立ポートへの切替えにて空気が流体給排袋２１や内側伸縮袋３６に密封される。

【００４１】
空気の排出では、吸引機８４が駆動され、接続部分ｆ及び３方向電磁弁７６を介して接続部分ａ及び６方向電磁弁１４１の一つのポートから最上端の流体給排袋２１や内側伸縮袋３６より空気が排出される。最上端の流体給排袋２１や内側伸縮袋３６の空気が排出されると、次に６方向電磁弁１４１が切替えられ上から二組目の流体給排袋２１や内側伸縮袋３６の空気が排出される。こうして、立ち上げ段部２や内側伸縮袋３６が上端から次第に収縮される。この時、安定板２２間の条体２３は、スプリング２３１により下方ひいては水平方向に引っ張られているため、スムーズに収縮できる。

【００４２】
上記説明では、空気の供給や排出に圧縮機８３及び吸引機８４を用いたが、より簡便な手動給排の方策では圧縮機として圧縮タンクつきの自転車の空気入れとか吸引機として家庭用の掃除機を使い、各組の流体給排袋２１や内側伸縮袋３６に空気の供給や排出を行うことができる。この場合、流体給排袋２１や内側伸縮袋３６への空気の充填保持のために、各組の流体給排袋２１や内側伸縮袋３６に内部圧力にて閉じる栓を備え、排出時にはこれを手動で開けるという構造も採ることができる。このような簡便な方策は、持ち運び量が制約される防災用やアウトドア用の浴槽として有効である。

【００４３】

また、図１１での接続系統には、温水とか特殊液水の供給部１５が備えられる。この供給部１５は、圧力可変の高圧ポンプ８１を介して供給口７２を有する３方向電磁弁７７に接続され、この３方向電磁弁７７は、一方で専用小型温水槽９１及びこの専用小型温水槽９１を用いない場合に活用する従来の浴槽９２に繋がり、他方で特殊液水槽９３に繋がる。すなわち、接続部分は、ｂ同士、ｇ又はｍ同士、ｉ同士が接続される。したがって、入浴や温水シャワーを浴びる時は、専用小型温水槽９１又は従来の浴槽９２から３方向電磁弁７７、高圧ポンプ８１及び供給部１５を介して浴槽筒状体３内に温水が供給され、また特殊液シャワーを浴びる時は、特殊液水槽９３から切替えられた３方向電磁弁７７、高圧ポンプ８１及び供給部１５を介して浴槽筒状体３に特殊液シャワー水が供給される。高圧ポンプ８１は、シャワーの強さ及び供給量（速さ）を調整するが、この調整により洗浄力やマッサージ効果も期待できる。又、専用小型温水槽９１は、浴槽筒状体３に溜まる温水の量が、例えば１７０ｃｍ、６８ｋｇの人が体の表面より約５ｃｍに溜まるとして約７０リットルのため、循環・追い炊きを考えても９０リットル程度の槽で良い。お湯を溜めると約３１５リットルにもなる一般の風呂（７０ｃｍ、９０ｃｍ、５０ｃｍの浴槽）と比べると温水量の大きな削減になる。次に特殊液水槽９３は、シャワーを専用として使うため、循環と保温の量として５リットル程度の小型槽となる。そして特殊液としては、汚れを落とす洗浄水（石鹸水）、健康・美容に良い入浴剤水、炭酸水、温泉水、イオン水などで皮膚病に効く液を開発すれば医療設備にもなり得る。このことは、介護は勿論であるが、健康、美容、医療機器としても活用できる。

【００４４】
更に、図１１の接続系統では、蒸気や温風の供給部１６が備えられる。この供給部１６は、供給口７３を有する３方向電磁弁７８に接続され、この３方向電磁弁７８は、一方で蒸気発生器８６に繋がり、他方で温風発生器８７に繋がる。すなわち、接続部分は、ｃ同士、ｋ同士、ｌ同士が接続される。したがって、蒸気発生器８６から３方向電磁弁７８及び供給部１６を介して浴槽筒状体３内に蒸気が供給されてサウナ風呂となり、また温風発生器８７から切替えられた３方向電磁弁７８及び供給部１６を介して浴槽筒状体３に温風が供給される。この場合、温風発生器８７としては、市販の布団乾燥機やドライヤーを用いることができる。

【００４５】
次に温水、特殊液の排水は、図１１の接続系統にあって排出部１７にて行われる。この排出部１７は、高圧ポンプ８２を介して排出口７４を有する４方向電磁弁７９に接続され、この４方向電磁弁７９は一つ目の出口が専用小型温水槽９１又は従来の浴槽９２に繋がり、二つ目の出口が特殊液水槽９３に繋がり、そして三つ目の出

口が排水箇所９４に繋がる。接続部分ｄ同士、ｈ又はｎ同士、ｊ同士、そしてｏ同士が接続される。このため、以後使用できない汚れた水は排水箇所９４から捨てられ、使用可能な排水は専用小型温水槽９１や従来の浴槽９２に戻され、あるいは特殊液水槽９３に戻される。ことに温水や特殊液を循環させる場合にはこの戻りの排水ルートが活用される。なお、温水を戻す場合には、排水ルート内にフィルタ８０を介在させて汚れを除くようにしても良い。ここでの高圧ポンプ８２は、浴槽より高い位置に排水する場合やお湯を早く排水する、及びシャワー水を供給と同じ速さで排水するために設ける。

【００４６】
図１１の例は、温水、特殊液水、蒸気、温風を対象として図示したものである。このため、ホースによる配管や電磁弁を備えることとなった。しかし、入浴者の用途に応じ、体を温めるように温水に浸かるのみの使用、シャワーのみあるいは蒸気が必要なサウナのみの使用、等いずれかの場合には更に簡略した設備となる。また、各電磁弁の駆動制御としては、リモートコントロールにて電磁弁ごとに単独運転制御や使用者の用途に応じプログラムによる自動運転、たとえば高齢者の体調を考慮し温風又は、蒸気により徐々に体を保温、石鹸水によるシャワー洗浄、温水シャワーによる洗い、温水を溜めて入浴、温風乾燥などの各種の組合せをプログラム設定により自動で行うことも可能である。圧縮機８３や吸引機８４は必要不可欠であるが、他の接続対象となる選択可能な設備や装置は、機能によっては専用設備や装置も必要となるも、使用する者の用途に応じて汎用の安価な商品を選択し、あるいは既存の設備を使用することが可能である。なお、図１１中、災害時とかアウトドアでの電源として発電機９５を図示する。なお、上記プログラムによる自動運転の場合は自動切り替えが必要であり、流体の方向を制御する装置７内の３方向電磁弁７６、７７、７８、４方向電磁弁７９は、電磁力による方向切替弁を前述したが、場合によっては空気、機械、押しボタン等の駆動あるいは手動によって切替えられる、３方向切替弁、４方向切替弁を備えることもできる。

【００４７】
図１～図６までに示した浴槽は、入浴者が立ち姿勢にて入浴することを前提としており、また図７～図１０のように吊り上げ可能な高齢者の入浴について説明した。しかしながら、高齢者によっては図７～図９に示すように吊り上げることができない人や立つことができない人、及び座る姿勢が好きな人もいるため、椅子による座り（腰掛）姿勢による浴槽を図１２～図１８にて説明する。なお、図１２～図１８において、図１～図６と同じ機能を果たす部分には同じ符号を付し、説明を省略する。

【００４８】
図１２～図１８では、図１～図３に示す浴槽をもとにした座り姿勢の浴槽を示している。大きさや形状は若干違うが、図１～図３と同じ機能を有する立ち上げ段部２、浴槽筒状体３、収納台容器１、座り姿勢にするための浴用椅子１０、折りたたみができる座椅子１０３、胸前の空間形状を変える排除板２６によって構成する。この場合、浴槽筒状体３の内側空間は、座り姿勢の入浴者が位置することになるので、浴槽筒状体３の平面から見た嵩は図１のものより大きくなるが丈は低くなる。この座り姿勢のために浴槽筒状体３の内側空間内には、浴用椅子１０が配置されることになる。浴用椅子１０は、連通する二つの伸縮袋１０１に空気を注入することにより伸長し、人が腰掛けられるようにすることと、腰掛姿勢で臀下の空間を削減するようにする。そして浴用椅子１０の上には、臀部と背もたれ部にシャワーノズルが内蔵された着脱できる座椅子１０３が乗せられる。尚、この浴槽筒状体３、浴用椅子１０も湯の削減のため、入浴者の体形に合わせて作られ着脱可能に備えられる。

【００４９】
また、立ち上げ段部２の最上段安定板２２上に片開きの排除板２６が取り付けられている。この排除板２６は、浴用椅子１０を立ち上げて座椅子１０３に入浴者が座った状態で立ち上げ段部２を植立させた後に入浴者の前方に蓋をかぶせるように倒される。次に排除板２６に取り付けた流体袋２６２を膨張させて、入浴者の胸部前方の内部空間形状を減少させる。そして、流体袋２６２の間に介在している平板２６１は、シャワーを噴出するノズルが取り付いている。また、図６と同様に入浴者の足回りの空間を削減するために流体袋３９が配置される。この流体袋３９及び流体袋２６２の存在は、立ち上げ段部２内の不要な空間を削減して内部空間形状を変え、入浴時の使用温水量を削減するとともに入浴者の入浴中の安全を確保するものである。従って、温水は、図５に示すように供給部１５から供給ホース３３により各パイプ３２と最上段安定板２２に繋がれ各パイプから供給されるとともに、最上段安定板２２、排除板２６を介して平板２６１からシャワー状に供給する。さらに温水は、もう一つのルートとして浴用椅子１０の伸縮袋１０１下の平板１０２、供給ホース１０４、浴用椅子１０を介して座椅子１０３の臀部と背もたれ部からシャワー状に供給させる。なお、図１２～図１４において、空気の給排部１４、お湯などの供給部１５、蒸気・温風の供給部１６、排出部１７が設けられ、サウナ風呂や保温のため密閉状態を保持すべく、上端部には密閉シート２４が備えられる。また、蒸気を排出する排気口２５も設けられる。

【００５０】
このような図１２～図１５にて例示する浴槽にて高齢者を入浴させる場合を述べ

る。まず、図１５に示す収納台容器１の状態から立ち上げ段部２上の排除板２６を９０度の起こし、図１６に示すように連通している二個の伸縮袋１０１に空気を注入して浴用椅子１０を立ち上げる。そして座椅子１０３の背もたれ部を起こした後に高齢者を支えながら座椅子１０３に座らせる。次に立ち上げ段部２を植立させ、排除板２６を倒して固定後に流体袋２６２を膨らませる。以降の入浴、シャワーについては前述と同じのため省略する。

【００５１】
図１７，１８では、立つことが出来ない高齢者を入浴させる場合で入浴可能な座椅子１０３上に高齢者を乗せたまま入浴させるケースである。高齢者の負担を軽減するためには、図１７に示すように寝具上に寝る高齢者を１８０度に開いた平板となっている座椅子１０３にあてがい、座椅子１０３に乗り移し、座椅子１０３の背もたれ部を起こし、図１７、１８にて示すように高齢者を座椅子１０３ごと移動ラック４２にて吊り上げ、浴用椅子１０に座椅子ごと移す。尚、吊り上げ装置４を使用する場合は、座椅子１０３を浴用椅子１０から外し使用する。以降の入浴、シャワーについては、前述と同じのため省略する。尚、座椅子１０３の臀部に穴を空け、洋式トイレに置けるようにすれば排泄後に入浴する介護も出来る。

【００５２】
これまでの方式でも災害時、アウトドアとして使用できるものであるが、吊り上げ装置のような吊り上げる外枠が必要という構造ではあるが、図１９に示す例では、前述より更に小型、軽量、低価格の方式を述べる。図１～図３に示すような立ち上げ段部２の代わりに大きさ、形状は違うが、浴槽筒状体３と同じ構造、材料を使った外側筒状体２７を立ち上げ段部として浴槽筒状体３を伸縮紐３１で繋ぎ、外側筒状体２７が吊り上げハンドル４６、４７で吊り上げると連動して浴槽筒状体３も吊り上る。そして吊り上げハンドル４６に繋がっている吊り上げ紐４８で腰部まで吊り上げた後、吊り上げハンドル４７に繋がっている吊り上げ紐４９で首部まで巻き上げる。その他は、前述と同じのため省略する。

【符号の説明】
【００５３】
１　収納台容器、
２　立ち上げ段部、
３　浴槽筒状体。

【図面の簡単な説明】
【００１４】

【図１】本発明の省エネルギ多機能浴室の浴槽の一例を示す簡略平面図。

【図２】上記浴槽の簡略正面図。

【図３】上記浴槽の簡略側面図。

【図４】上記浴槽を収縮した状態の簡略側面図。

【図５】上記浴槽を途中まで伸ばした状態の簡略側面図。

【図６】本発明の省エネルギ多機能浴室の浴槽の変形例を示す簡略側面図。

【図７】高齢者の吊り上げ装置の一例の簡略正面図。

【図８】上記吊り上げ装置の簡略側面図。

【図９】上記吊り上げ装置による高齢者吊り上げ途中の簡略した状態図。

【図１０】耐震ベッドを用いた場合の高齢者吊り上げ途中の簡略した状態図。

【図１１】上記一例の浴槽に対する流体給排の接続系統並びに流体給排装置（設備）のシステム系統図。

【図１２】本発明の省エネルギ多機能浴室の浴槽の他の例を示す簡略平面図。

【図１３】上記他の例の浴槽の簡略正面図。

【図１４】上記他の例の浴槽の簡略側面図。

【図１５】上記他の例の浴槽を収縮した状態の簡略側面図。

【図１６】高齢者を上記他の例の浴槽の浴用椅子に移し終えた状態図。

【図１７】高齢者を座椅子に移し、座椅子を吊り上げた状態図。

【図１８】高齢者を乗せた座椅子をそのまま浴用椅子に移し終えた状態図。

【図１９】もう一つの他の例の浴槽の簡略側面図。

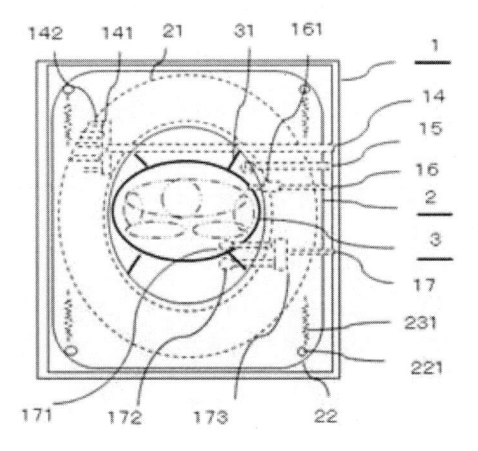

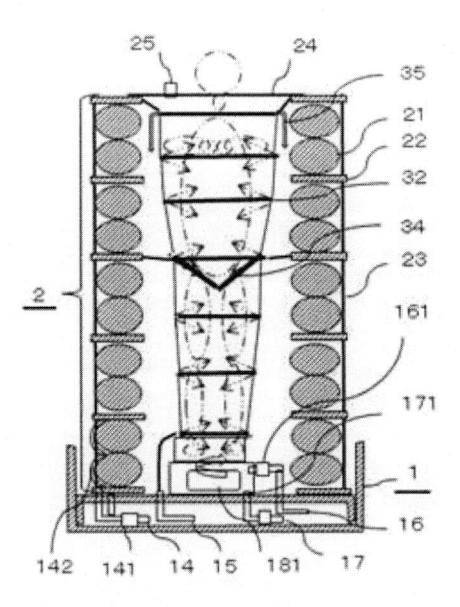

【図1】

【図2】

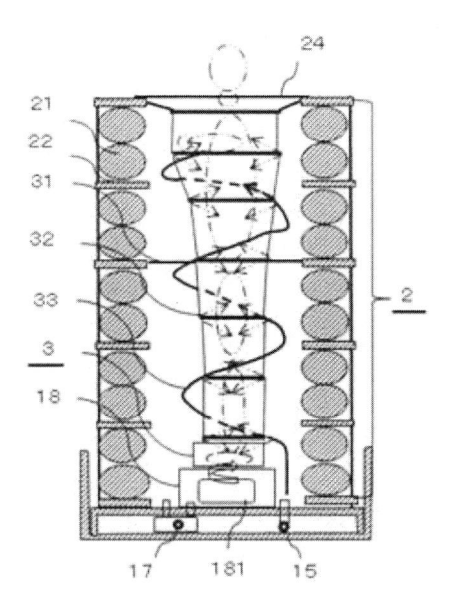

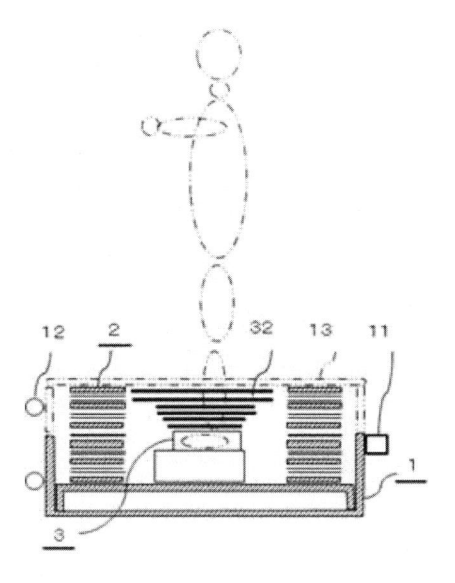

【図3】

【図4】

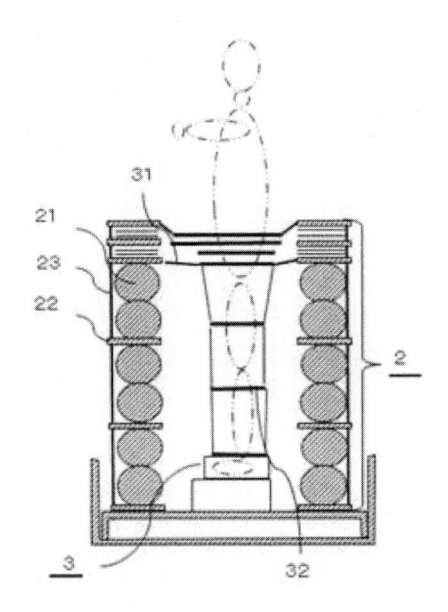

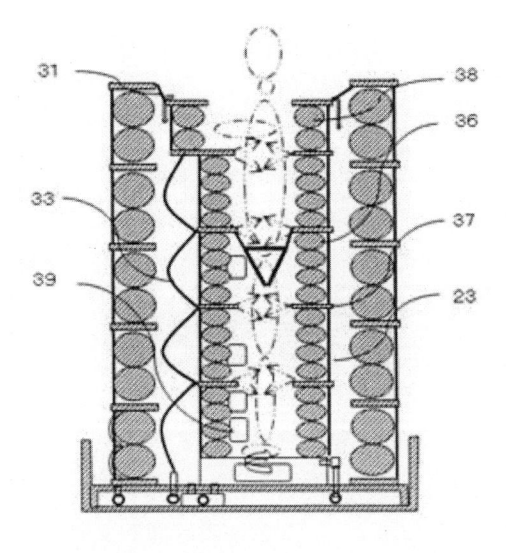

【図5】

【図6】

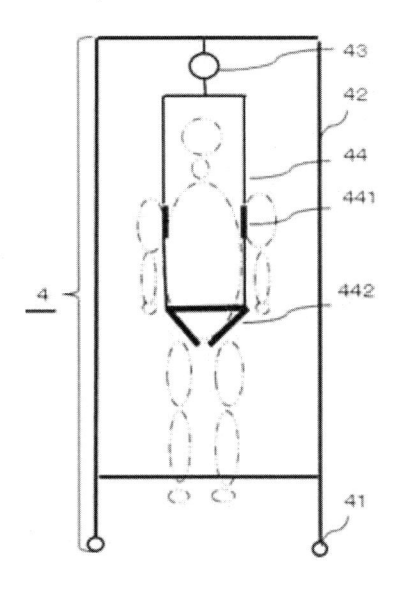

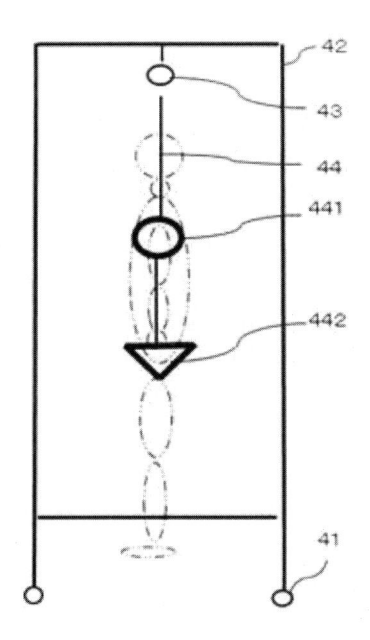

【図7】

【図8】

41

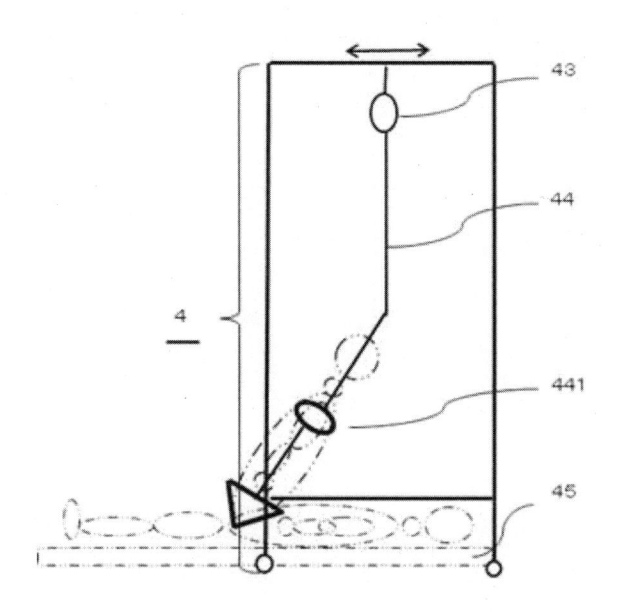

【図9】

【図10】

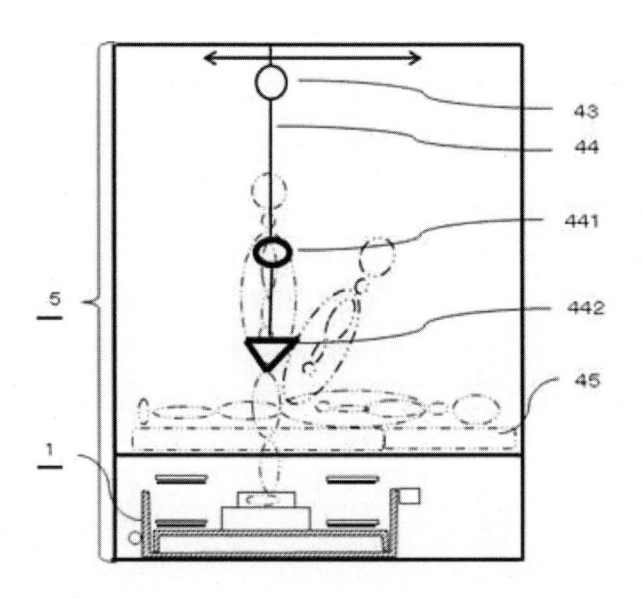

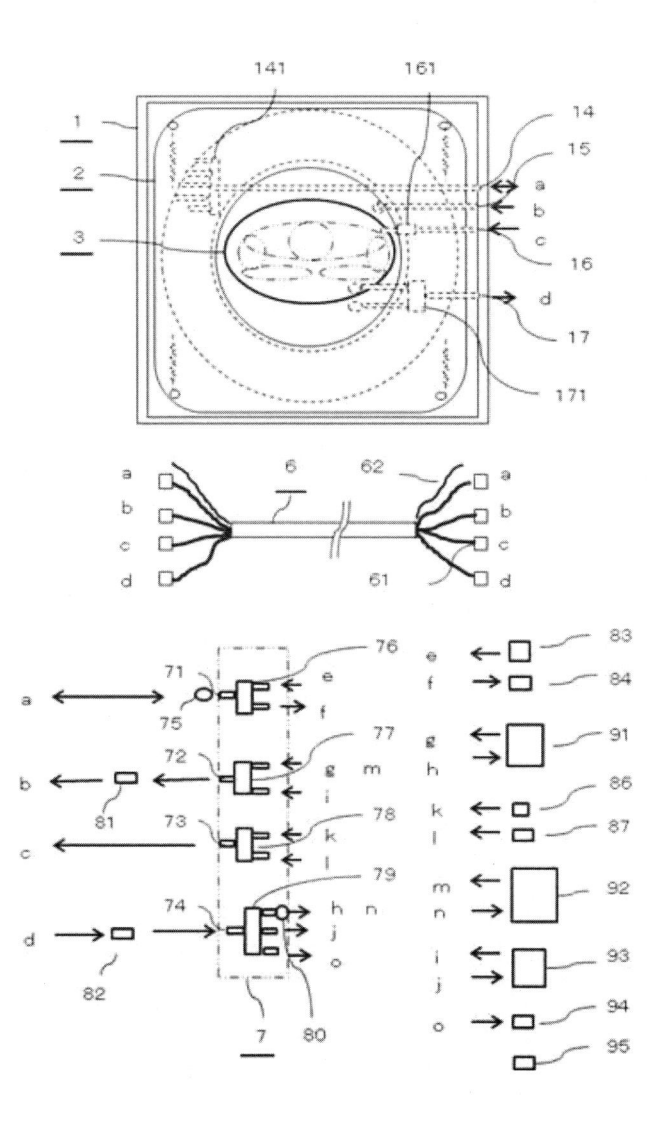

【図11】

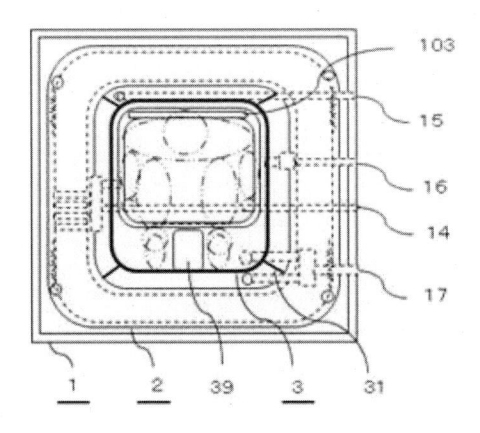

【図12】

【図13】

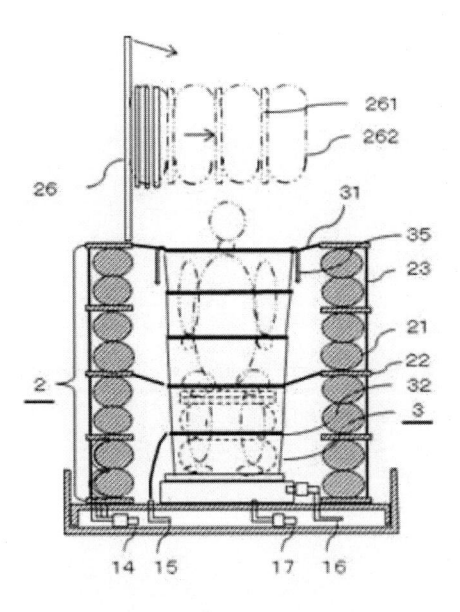

【図14】

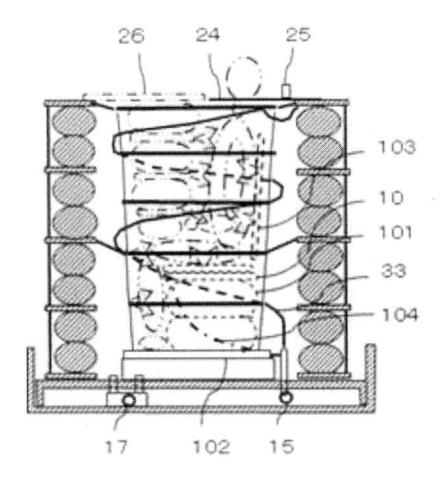

【図15】

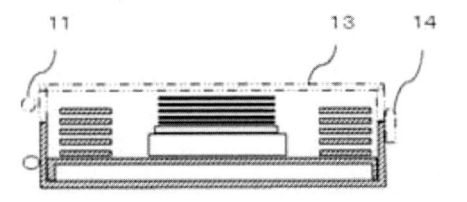

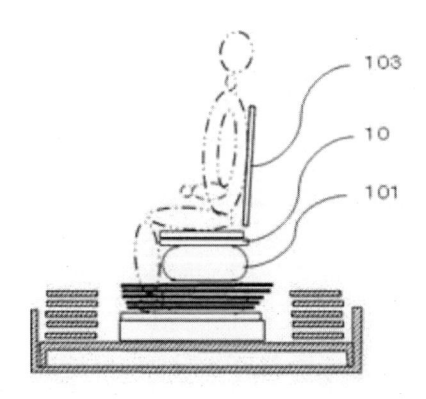

【図16】

【図17】

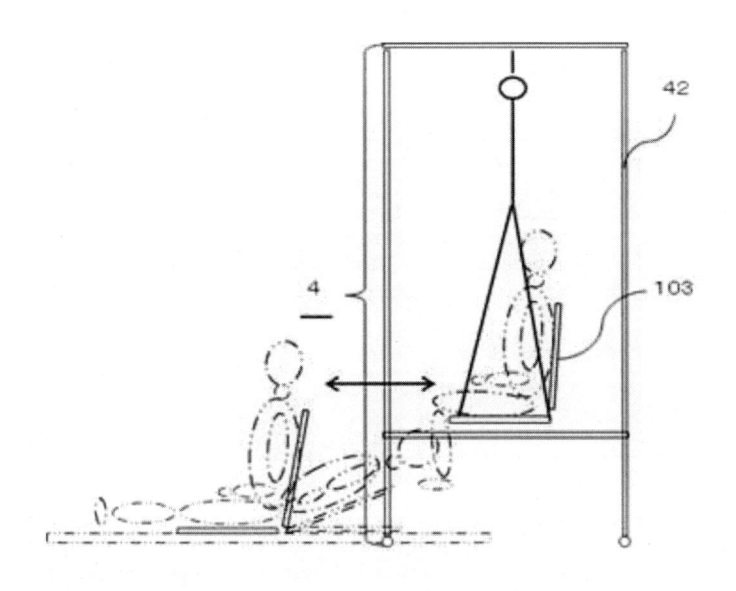

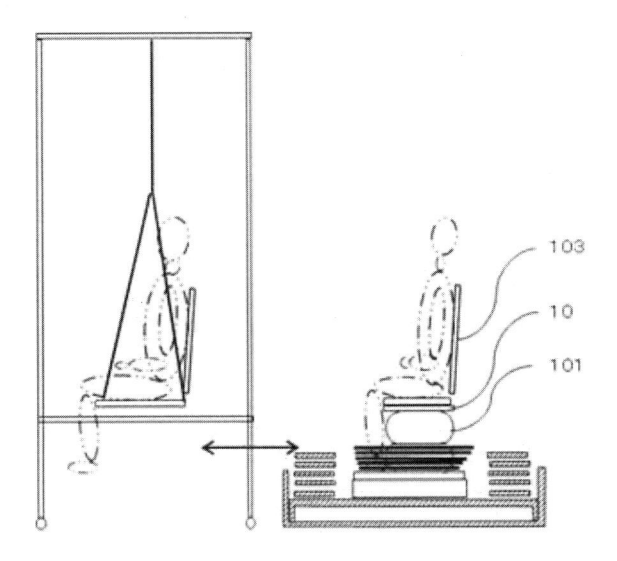

【図18】

【図19】

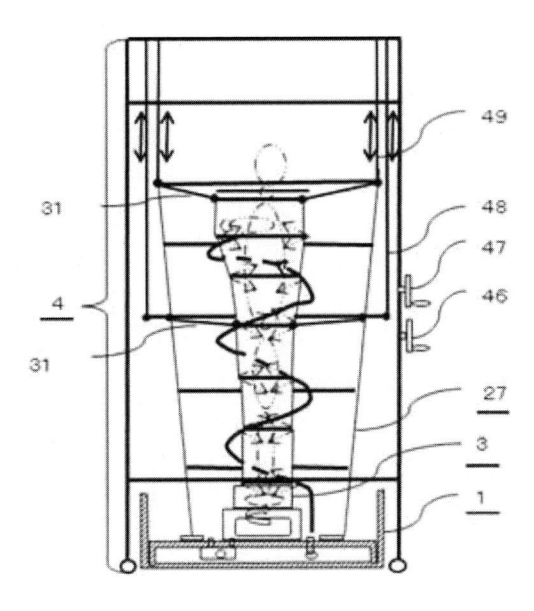

携行・ワンタッチ設置の省エネ多機能浴室

定価（本体 1,500 円＋税）

２０１４年（平成２６年）１０月６日発行

No. ［SYM-016］

発行所　IDF（INVENTION DEVLOPMENT FEDERATION）
　　　　発明開発連合会®
メール　03-3498@idf-0751.com　www.idf-0751.com
電話　03-3498-0751(代)
150-8691 渋谷郵便局私書箱第２５８号
発行人　ましば寿一
著作権企画　IDF 発明開発(連)
Printed in Japan
著者　下山　實 ©
　　　（しもやま　みのる）

本書の一部または全部を無断で複写、複製、転載、データーファイル化することを禁じています。

It forbids a copy, a duplicate, reproduction, and forming a data file for some or all of this book without notice.